AF362363

Historique du 283ᵉ Régiment d'Infanterie

C'est à de robustes, d'ardents Pyrénéens, Béarnais, Gascons, Languedociens que la France confia en 1914, le drapeau du 283ᵉ régiment d'Infanterie qu'il devait conduire à la victoire. Toujours ses cantonnements et ses tranchées ont entendu ses lentes chansons montagnardes, ou sonores du Sud-Ouest. Sous le commandement du lieutenant-colonel Boucé, le 12 août 1914, le régiment quittait Saint-Gaudens, aux acclamations de la population. Il débarquait dans la nuit du 14 août à Suippes pour venir par étapes Somme-Tourbe, Brabant en Argonne, Sivry-la-Perche, dans la région de Verdun.

Il recevait comme première mission d'arrêter sur le plateau d'Eton une attaque ennemie des garnisons de Metz et Thionville. Son baptême de feu devait être dur. Soumis toute l'après-midi du 24 août à un bombardement où dominaient les obus de gros calibre, il se révéla comme une troupe ardente profondément animée de l'esprit de sacrifice. Il défendit toute la soirée par une lutte acharnée la gare de Donmarie, Baroncourt, qui d'abord évacuée fut reprise à la baïonnette.

A la tombée de la nuit sous la menace d'un enveloppement complet, il réussit à se dégager en glissant entre les pinces de la tenaille qui se fermait sur lui.

Il perdait dans cette affaire son colonel qui était blessé, un chef de bataillon, un autre blessé et perdait en outre tous ses commandants de compagnie et chefs de sections.

● ● ●

A LA MÉMOIRE

d'Etienne PUJOL

Docteur en Droit

Attaché au Ministère de la Justice

Sous-Lieutenant au 283e d'Infanterie

mort au Champ d'honneur

le 24 Août 1914, au combat d'Eton (Meuse)

1923

La mobilisation atteignit Etienne Pujol, à Paris,
au Ministère de la Justice.

Le 2 août 1914, il donnait rendez-vous à sa
famille, à Toulouse, il manifestait le désir d'embrasser sa mère, sa sœur et tous les siens.

Hélas !... c'était l'Adieu définitif...

De Toulouse, le sous-lieutenant Pujol rejoignit son
dépôt, à Saint-Gaudens.

Dernières lettres du sous-lieutenant PUJOL à sa famille

Paris, samedi, 11 heures

Mon Cher Oncle, ma Chère Tante,

Je n'ai que bien peu de temps à moi; peut-être, devançant la mobilisation qui est certaine partirai-je ce soir pour Toulouse, afin d'avoir le temps d'embrasser ceux qui pourront venir me voir.

Mais, je ne veux pas que vous pensiez que dans ce grand bouleversement j'ai pu vous oublier. Ma pensée s'est au contraire reportée et se reportera souvent sur vous et mes petits cousins, comme sur tous ceux que j'aime...

Il est entendu avec Tante Jeanne que, dès la mobilisation, on ira à Toulouse en auto. Si l'un de vous peut se joindre à ceux qui viendront, j'en serai très heureux.

Paris est superbe de résolution et de calme. Chacun se prépare.

J'ai, quant à moi, la plus grande confiance dans le succès ! jamais les cœurs ne se sont haussés plus haut.

Je vous embrasse tous quatre bien affectueusement.

ÉTIENNE

Saint-Gaudens, le lundi 10 août 1914.

Ma chère Tante,

J'ai reçu avec grand plaisir de vos nouvelles, et c'est avec joie que je constate que cette grande vague de courage et de patriotisme qui court par la France, ne s'arrête pas sur le seuil de votre porte. Il faut maintenant que la pensée de chacun aille d'abord au pays : faites d'ores et déjà tout votre possible pour vous rendre utiles. Je suis certain que vous avez dû commencer, à Mazamet, à travailler pour la Croix-Rouge.

Je dois vous annoncer que nous partons mercredi, direction inconnue : les uns disent la Belgique, les autres l'Alsace : ce ne peut être que l'une ou l'autre de ces deux destinations. Pour moi je souhaiterais ardemment la 2e; je voudrais être le témoin de l'enthousiasme et de l'émotion des populations délivrées après quarante quatre ans de séparation. On dit que, dans cette dernière hypothèse, nous aurions les Autrichiens à combattre :tant mieux encore, la victoire sera plus aisée.

Il y a quatre jours, est parti le bataillon de l'active, toute la population l'a conduit à la gare; le train était décoré de verdure et de fleurs, et une jeune fille a offert une gerbe au colonel, qui l'a embrassée.

Les soldats chantaient et plaisantaient en patois;

quant aux femmes d'officiers, dont plusieurs traînaient des enfants après elles, elles ont été stoïques. Je n'en ai pas vu pleurer une seule, et leurs maris étaient, certes, plus pâles qu'elles.

Moi, je vais très bien; j'ai retrouvé ici M. Abelous, professeur à la Faculté de Médecine de Toulouse, avec qui j'ai causé longuement à plusieurs reprises; il vient ce matin de me complimenter sur ma bonne mine depuis mon arrivée. Je crois qu'après cette campagne je vous reviendrai définitivement trempé moralement et physiquement.

Je n'écris pas aujourd'hui à Maman; les lettres pour les campagnes mettent huit jours à parvenir. j'en ai reçu de tonton Louis qui ont mis ce temps-là.

Communiquez donc cette lettre à Viviers; écrivez toujours même adresse, mettez 17ᵉ corps.

Comment va tante Anna ?

Adieu, chère Tante, recevez pour vous trois et toute la famille mes baisers les plus affectueux.

E. PUJOL.

Mardi

Ma chère Maman,

Suis arrivé hier soir à Saint-Gaudens, après six heures de voyage... On a été ému en me voyant.

On ne sait rien du départ des troupes; on croit rester ici au moins huit jours.

Mon capitaine arrive de Paris, il parait très bien.

Adieu, chère Maman, je vous embrasse bien affectueusement.

ÉTIENNE

Le 11 août 1914

Télégramme : « Suis avec vous par la pensée et par le cœur, partons demain trois heures. »

ÉTIENNE

A son oncle, M. Gayrard, qui venait de perdre sa sœur.

Mon Cher Oncle,

C'est hier au soir mardi, à 8 heures, que m'est parvenu le télégramme portant la triste nouvelle.

Ma douleur est très grande, tante étant pour moi une grand'mère, et je ne pourrai pas oublier tous les soins dont elle nous entourait lorsque nous étions enfants, ni la profonde affection qu'elle nous a toujours portée. J'éprouve encore plus de tristesse à la pensée que je suis éloigné de vous, à cette heure cruelle où d'ordinaire il est permis à tous de se rassembler pour soutenir ensemble le coup du destin, mais je suis de cœur avec vous, n'en doutez pas.

Je vous ai télégraphié, hier soir, vers 8 heures 20.

Nous partons, à 3 heures, pour une destination inconnue.

L'esprit de tous est excellent, je me sens très dispos. Voici mon adresse :

283ᵉ d'Infanterie, 24ᵉ Cⁱᵉ, 17ᵉ Corps.

Adieu, mon cher oncle, je vous embrasse tous, grand'mère, maman, ma sœur, tante Jeanne, mon oncle et tous ceux qui sont avec vous, avec ma profonde affection.

ETIENNE

Cartes Postales

Vendredi 14 août

Deux jours de voyage (depuis mercredi) et ce n'est pas encore fini. Destination inconnue.

Je vais bien, l'esprit de tous est excellent.

J'ai écrit un peu partout, je pense que vous finirez bien par recevoir de mes nouvelles.

Je vous embrasse bien affectueusement.

ETIENNE

Jeudi, 10 heures du matin.

Dans le train qui nous emporte vers Troyes, et de là...

J'ai eu la douleur d'apprendre, la veille de mon départ, la mort de notre pauvre tante, je vous ai télégraphié et écrit combien j'étais avec vous par la pensée et par le cœur. Il faut encore qu'à la situation tragique où nous sommes vienne s'ajouter pour nous un deuil.

Nous avons quitté Saint-Gaudens, hier, à deux heures; beaucoup de monde à la gare; notre train était tout fleuri, et à diverses stations des jeunes filles sont venues nous offrir des fleurs. Le voyage est long et la chaleur le rend pénible; heureusement nous sommes dans un wagon couloir de 1re classe.

Je vais bien, au point de vue moral, comme au point de vue physique. Je suis très bien avec mon capitaine, M. Lamothe d'Incamp, et mon collègue. J'ai, à ce régiment, pas mal de camarades, parmi les officiers et aussi parmi les soldats, dont beaucoup ont servi avec moi, à Pau. A Saint-Gaudens, on a été très impressionné au départ; j'ai été bien gâté par mon père, ma tante et notre vieux cousin.

La mort de tante a aussi impressionné.

Ecrivez et faites passer mes lettres. Bons baisers pour tous.

ETIENNE

Suippe, près Chalons-sur-Marne
Dimanche, 16 août 1914.

Ma chère Tante,

C'est de nouveau par votre intermédiaire que j'adresse ces lignes à la famille; les lettres, qui subissent partout des retards, n'arrivent presque plus dans les campagnes. Je n'ai rien reçu de vous et cependant je pense bien que vous m'avez écrit.

Nous avons quitté Saint-Gaudens, mercredi, à deux heures; nous sommes arrivés ici, vendredi soir, à minuit. Nous avons bivouaqué en plein air jusqu'à quatre heures, en attendant que le jour arrive et permette d'établir le cantonnement.

Je suis très bien logé, chambre très propre, et j'ai fort apprécié le lit, après trois mauvaises nuits. Le voyage a été rendu pénible par la chaleur, mais nous étions très confortablement installés en première, et nous avons fait honneur à nos provisions de bouche. C'est moi qui suis chargé de la popote et je m'en acquitte de mon mieux.

Nous n'avons aucune nouvelle de la ligne de combat, pas de journaux, nous ne savons rien, les populations de Champagne et de l'Est sont froides, mais résolues : elles nous regardent passer avec une attention qui m'a frappé, et j'ai pu craindre que nos troupes du midi qui ont moins de tenue qu'ailleurs, ne produisent pas sur elles une très bonne impression.

D'ailleurs, sur tout notre parcours, le même geste d'espoir et de respect s'est reproduit à l'infini; nos yeux, cette fois, ont bien vu la France debout et qui nous saluait.

Je vais très bien, n'ayez aucune inquiétude sur mon sort. Nous nous demandons si nous ne sommes pas destinés à rester en réserve.

Notre rôle ne sera encore pas actif tout de suite.

Je vous ai écrit du train; je continuerai à vous envoyer quelques lignes le plus souvent possible; mais ne vous alarmez jamais d'être sans nouvelles, car la poste ne peut assurer un service régulier.

Adieu, chère tante, je suis pressé, car l'on m'attend pour déjeuner. J'ai un collègue très gentil et d'expérience, il a 40 ans. Le capitaine est charmant, très bien élevé, instruit; les rapports avec lui sont très agréables. Tous deux habitent Paris.

Reçois pour toi, mon oncle, Mimi et toute la famille mes meilleurs baisers.

ETIENNE.

Nous sommes en définitive au camp de Châlons, et à 22 kilomètres de cette ville.

Mercredi, 19 août 1914

Ma chère Maman,

J'ai écrit à plusieurs reprises, mais surtout à Mazamet, car je sais que rien n'arrive dans les campagnes.

Du reste, le service des postes, aux armées, n'est pas encore organisé; ne vous inquiétez donc pas si mes lettres ont du retard. De mon côté, j'ai reçu une seule lettre de toi et de Mimi; mais je compte que tout l'arriéré m'arrivera à la fois.

Nous sommes dans l'Argonne; très joli pays, beaucoup de forêts; toute l'armée est loin devant nous; on est entré en Allemagne, et nous suivons derrière, pour tenir garnison dans le pays qu'on occupera.

J'ai toujours eu un lit jusqu'à présent; nous nous nourrissons bien et nous sommes contents. Mon capitaine est un vrai camarade; j'ai un bon ordonnance.

Donc, je jouis du maximum de confort possible.

Quelle différence avec les troupiers!

Durant le voyage, les dames de la Croix Rouge nous ont apporté des boissons chaudes ou froides. Tout est très bien organisé.

Bons baisers.

ÉTIENNE

19 août 1914

Nous avons continué notre route après Sainte-Menehould et avons traversé l'Argonne.

Nous avons salué au passage le monument de

Valmy, où un soldat français tient son chapeau élevé, dans un geste d'enthousiasme et de défi. Nous avons, ce soir là, cantonné aux Islestes, en plein défilé. Ce village est au cœur de la vallée, et tout autour la forêt de l'Argonne couronne les hauteurs.

Ce paysage est plein de caractère, et j'ai gardé dans mes yeux ses lignes sombres et sévères. Depuis hier, nous sommes à Brabant, en Argonne, à 25 kilomètres de Verdun. Cette marche en avant est l'étendue que toute l'armée française a pénétré en Allemagne, ainsi qu'il nous a été annoncé officiellement.

Mais nous n'avons pas d'autres nouvelles que celles qui nous parviennent par le rapport. Pas de journaux, pas de lettres. Quand celle-ci vous parviendra-t-elle?..

Vous ai-je dit que vous recevriez quelques photos, où je suis en tenue de campagne, tel que j'irai au feu. Ayez soin de faire toujours passer mes lettres à Viviers; les campagnes sont absolument isolées.

Je vais très bien, j'ai eu toujours un lit, et nous nous nourrissons bien.

Je vous embrasse tous bien affectueusement.

ÉTIENNE

P. S. — Je n'ai eu qu'une seule lettre de maman et de Mimi, à Saint-Gaudens.

Mon capitaine est pour moi un vrai camarade.

22 août 1914

Nous sommes à côté de Verdun ; le mouvement en avant de l'armée paraît s'accentuer, car nous allons repartir derrière elle. Il paraît qu'on entre carrément en Allemagne.

Je vais toujours bien. Il n'y a pas lieu de s'inquiéter pour moi, car je me sens très bien, adapté à cette vie errante, mais assez gaie en somme quand, ce qui est le cas, on est avec de bons camarades et des chefs comme les nôtres.

Communiquez ces nouvelles à maman.

Bons baisers pour vous trois.

ETIENNE.

(Dernière lettre qu'Etienne Pujol devait écrire.... A partir de cette date la famille resta sans nouvelles).

Le 24 août le sous-lieutenant Pujol fut porté disparu, au combat d'Eton (Meuse).

Le 24 août, à Eton, après un violent combat, la section du sous-lieutenant Pujol fut cernée vers les 3 heures de l'après-midi et faite prisonnière.

Renseignements du Régiment

Renseignements fournis par le Lieutenant-Colonel FRISCH, du 283ᵉ Régiment d'Infanterie.

Le 19 Novembre 1914

Madame,

En réponse à votre lettre du 12 Novembre, j'ai l'honneur de vous faire connaître que votre fils le sous-lieutenant Pujol faisait bien partie de la 24ᵉ Cⁱᵉ qui a été faite presque entièrement prisonnière. Je ne commandais pas encore le régiment ce jour-là, mais je ne doute pas que l'attitude et la conduite de M. Pujol, n'ait été celle d'un brave, ainsi que l'avait déclaré M. de Lamothe d'Incamp. C'est aussi l'avis de tous ceux qui ont assisté à cette affaire, mais aucun d'eux ne peut affirmer d'une façon absolue que leur camarade ait été fait prisonnier. Je comprends ce qu'un cœur de mère peut souffrir de cette situation et je voudrais pouvoir calmer vos inquiétudes. Je fais des vœux pour que, prochainement, vous appreniez que votre fils a partagé le sort de ses soldats, malheureusement faits prisonniers à Eton.

Veuillez agréer, Madame, l'assurance de mes sentiments respectueux.

FRISCH

Renseignements fournis par le Lieutenant O..., du 283ᵉ Régiment d'Infanterie qui fut blessé au combat d'Eton.

Toulouse, 2 octobre 1914

Madame,

Je suis heureux de pouvoir vous donner des renseignements sur Monsieur votre fils. Ils m'ont été donnés par son capitaine, M. Lamothe d'Incamp, que j'ai vu, le 24 Août, vers 4 heures du soir. Ce dernier m'a déclaré que la section Pujol, 24ᵉ Cᵢᵉ, 4ᵉ section, était cernée. Blessé lui-même, il partit vers les ambulances. Pujol aurait été fait prisonnier avec sa section, au combat d'Eton.

Rassurez-vous, Madame, sur le sort des prisonniers blessés, ils sont soignés aussi bien que possible et traités malgré tout avec certains égards.

Merci, Madame, des vœux que vous formez pour mon rétablissement. J'espère retrouver bientôt votre fils, fêter ensemble la libération des prisonniers et le triomphe de nos armées. Dans l'espoir que vous pourrez avoir bientôt des nouvelles de Monsieur votre fils, je vous prie de vouloir bien agréer, Madame, l'assurance de mon respect.

Lieutenant O...
Avocat.

Grafenwohr, 5 novembre 1916

Un soldat du 283ᵉ, fait prisonnier à Eton, déclare avoir voyagé, le 25 août, de Lorraine en Bavière, en compagnie d'un sous-lieutenant nommé Pujol, blessé légèrement à l'épaule et au bras. En gare de Nuremberg, il le perdit de vue.

Ce renseignement favorable fut transmis à la famille. Ce ne fut, hélas ! qu'une confusion.

Renseignements donnés par le Lieutenant Mamet, de la 24ᵉ compagnie, interné à Ingolstadt.

Depuis le combat d'Eton je n'ai plus revu le sous-lieutenant Pujol ; mais des soldats de sa section, que j'ai rencontrés, m'ont dit qu'il avait reçu une balle dans la poitrine, pas mort sur le champ de bataille. Un soldat assure que cette blessure n'aurait pas été reçue pendant le combat, mais après la captivité. Tous les renseignements fournis aboutissent à ce qui a été dit. Une balle reçue en pleine poitrine, pas mort sur le coup...

[On apprenait un peu plus tard que le sous-lieutenant Pujol avait été frappé au moment même où il était fait prisonnier.

[Atteint d'une balle en pleine poitrine, il fit ses adieux à ses hommes et dit quelques mots à l'adresse des siens. Adieu mes enfants, je meurs en brave. Il ajouta : « Hélas ! je ne puis pas vous suivre, je suis destiné à rester là ! »

Etait-il mortellement blessé ?...

Aurait-il été relevé par les ambulances allemandes ? Devant l'absence d'un avis officiel, c'était encore une cruelle incertitude qui devait subsister jusqu'au retour des prisonniers qui donnèrent les tristes détails. .

Les amis d'Etienne Pujol se sont montrés d'un dévouement admirable en collaborant aux recherches de la famille, pour retrouver le cher disparu.

Grafenwohr 5 novembre 1914

Madame,

Je poursuis des enquêtes, dans les camps de prisonniers, pour obtenir des renseignements sur le sort de votre fils, mon ami.

Je suppose qu'Etienne se trouve dans un des quatre camps de prisonniers de la Bavière. Des officiers que nous avons soignés ayant été envoyés à Ingolstadt, j'ai chargé l'un d'eux de découvrir mon ami, et de lui remettre un mot. J'ai d'autre part adressé une lettre à Ingolstadt, qui est restée sans réponse...

Je veux espérer qu'à l'heure qu'il est, Etienne vous a écrit, et je vous serai reconnaissant de me donner de ses nouvelles. Je n'ai reçu, quant à moi, aucune blessure, à la bataille de Sarrebourg, à la suite de laquelle j'ai été pris avec les blessés de notre poste de secours et nos infirmiers. On m'a conduit avec une vingtaine de médecins à Grafenwohr, près de Nuremberg, à 40 kilomètres de la frontière autrichienne, et loin, très loin de notre chère France. Nos blessés guéris, nous avons demandé trois fois officiellement d'être rendus à notre pays. Les ministres de Bavière et de Prusse ont ordonné de nous garder. Combien durera notre exil ? Nous l'ignorons, nous gardons notre confiance des premiers jours.

Veuillez agréer, Madame, l'assurance de mes sentiments respectueusement dévoués.

E. L.
Aide-Major.

Dijon, 17 août 1915

Madame,

Je suis libre depuis trois semaines, et voici une huitaine de jours que je suis rentré d'Algérie. Je n'ai fait que passer à Paris. Je pensais pouvoir condenser les renseignements contradictoires que j'avais recueillis en Allemagne. Je gardais l'espoir d'apprendre un fait nouveau. Votre lettre me fait connaître que nous restons toujours au même point.

J'ai vu, dès mon arrivée, un ami de notre groupe de Toulouse. Nous nous sommes fait mal, l'un l'autre, en faisant le bilan de nos connaissances, peu favorable à entretenir l'espoir commun. Nous avons fait le tour de toutes les hypothèses. Celle qu'il faut retenir, malgré une année de silence, serait celle à laquelle vous vous êtes arrêtée : la détention en Belgique d'un certain nombre de prisonniers. Mais quel Calvaire alors pour des centaines de mères et de sœurs. J'ai souvent pensé à vous, j'avais là-bas, en Allemagne, de longues heures accordées à la méditation. Je n'avais le droit d'écrire que deux lettres par mois, c'est pourquoi j'ai chargé mon père de vous donner des nouvelles. J'attendais mes enquêtes à Berlin, à Genève, que sais-je. J'attendais de pouvoir vous annoncer quelque chose. Aujourd'hui encore, il me faudrait un effort pour vous parler d'Etienne, sauf peut-être que vous m'en entreteniez.

Veuillez agréer, Madame, l'expression renouvelée de mon entier dévouement.

Docteur L...
Aide-Major

Ajaccio, 22 Mars 1916

Madame,

N'ayant plus rien reçu d'Etienne Pujol, depuis le commencement des hostilités, j'avais eu à son sujet de grandes inquiétudes.

Je vois par votre lettre combien elles étaient fondées ! S'il est vrai qu'un espoir vous reste, je prie Dieu de toute mon âme qu'il ne soit pas déçu. De votre fils j'ai toujours estimé à la fois l'intelligence et le caractère. Je me réjouissais vivement de toute nouvelle heureuse le concernant.

Veuillez agréer, Madame, mes hommages respectueux.

A. SANTIAGGI
Ancien professeur de réthorique

Le 14 Novembre 1915

J'étais dans la plus rude anxiété au sujet d'Etienne Pujol, n'ayant reçu de lui aucune réponse à ma correspondance. Votre lettre, Madame, me plonge dans une cruelle affliction... Pauvre enfant, pour lequel j'avais tant. d'amitié! Il n'est pas possible qu'une intelligence si vive, aussi lucide et un cœur si droit, si épris de vérité soient à jamais abolis!

Il faut espérer encore et continuer les recherches, pour savoir s'il n'est pas prisonnier ou blessé, au fond de quelque bourgade allemande. Je ferai tous mes efforts pour sortir de cette cruelle incertitude. Je prends bien part aux angoisses de la famille et vous exprime, Madame, ma bien vive sympathie.

O. G...
Docteur en Droit

Dijon, le 31 Décembre 1916

Chère Madame,

L'année s'achève sans nous avoir apporté la moindre lueur d'espérance.

Comment vous offrir aujourd'hui mes vœux ? Je ne saurais que vous redire ma respectueuse sympathie. C'est avec tristesse que j'évoque votre état d'âme, en ce jour anniversaire. Mais ma peine est grande aussi d'être impuissant à atténuer la douleur de mon ami le plus cher. Bornons-nous à joindre nos vœux aux milliers de vœux qui appellent la fin de l'ère terrible que nous vivons.

Je suis, Madame, votre toujours sincèrement dévoué.

E. L...

Aide-Major

31 Décembre 1917

Cercle Militaire de Chalons-sur-Marne.

Madame,

A cette date, votre fils vous adressait affectueuse·ment ses souhaits de bonne année. Permettez-moi de le faire comme lui.

Les conditions de votre bonheur sont faciles à exprimer. Retrouver votre fils disparu, c'est mon premier grand souhait.

S'il ne revient pas, ayez le courage de supporter cette catastrophe, en compagnie de toutes les mères de France qui ont aussi perdu le leur. En perpétuant, en cultivant son souvenir, vous satisferez le désir qu'il aurait exprimé en mourant. Ayez le courage d'espérer, le cas échéant, de supporter.

Veuillez agréer, Madame, l'assurance de ma respectueuse affection.

J. R...

Lieutenant au 53ᵉ d'Infanterie.

Paris, 20 Novembre 1918

Madame,

Au moment de l'armistice, j'ai bien pensé à vous, à vos espoirs et à votre douleur. Reviendra-t-il ? Le retrouverons-nous. J'ai vu M. Ville, qui, tenacement, dit qu'il faut encore espérer. Je n'ose trop vous donner les mêmes espérances. Recevez cette consolation : le sacrifice de votre fils a été utile au pays. C'est tout ce qu'il désirait avec toute son âme ardente, et, pour ce résultat, son sacrifice était total. La pensée de votre fils ne me quittera pas. Je garderai aussi votre souvenir, Madame.

L'affection qui nous liait avec Etienne n'est pas perdue. En ce jour de gloire et de douleur, veuillez agréer, Madame, l'assurance de mes sentiments affectueux et respectueux.

J. R...
Docteur en Droit

Pau, le 16 Novembre 1918

Veuillez croire, chère Madame, que pendant les heures cruelles que vous traversez, ma pensée va vers vous et que je partage votre tristesse et vos espoirs. Ces derniers, si faibles soient-ils, ne m'ont pas abandonné, de voir revenir vers vous le fils tant chéri, et, pour moi, l'incomparable ami. Croyez, Madame, que

je saisirai toute occasion de vous aider dans vos recherches et de les compléter.

Notre ami, M. V. fait poursuivre des recherches
diplomatiques. Si, comme il faut hélas ! le craindre,
Etienne ne revenait pas, il resterait toujours vivant
dans nos cœurs.

Blessé en octobre, j'ai reçu à cette occasion la
Légion d'honneur, je suis encore en congé de conva-
lescence, mais parfaitement guéri. Mes frères, mobili-
sés aussi, ont échappé à tout mal, mais j'ai malheureusement perdu le quatrième, le plus jeune, tué à
Ypres. Je vous prie de croire que, malgré mon silence, je suis bien loin d'être resté insensible à votre douleur. Mieux que beaucoup d'autres, je sais combien
Etienne vous était cher. J'admire le courage avec
lequel vous avez réagi contre l'angoisse de la séparation, pour le retrouver. Je me refuse à croire que
vos espoirs resteront vains. Je vous prie, Madame,
de me rappeler au bon souvenir de votre famille, et
veuillez bien croire à mes meilleurs sentiments.

P. P...
Docteur en Droit

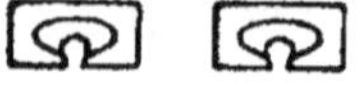

Lettre de Madame Faye, jeune femme d'un lieutenant disparu, du 283ᵉ, qui a retrouvé la tombe du sous-lieutenant Pujol.

Paris, le 16 Janvier 1919.

Chère Madame,

Voilà quelque temps que nous n'avons pas correspondu, et cependant, je ne vous oublie pas. Depuis le 11 novembre, comme moi sans doute, vous souffrez doublement. Avez-vous eu une nouvelle, quelle qu'elle soit ? Pour moi, les jours ont passé sans changer ma pénible situation. Les lieutenants Costar, de Bonin, camarades de mon mari, sont rentrés en France et n'ont pu me donner le moindre indice. Ils ont quitté mon mari, le 24 août 1914, vers les 4 heures du soir, et ne l'ont plus revu.

Aussi, n'y tenant plus, j'ai entrepris le pénible pèlerinage d'Eton, dont je suis rentrée hier seulement. Mon beau-frère, lieutenant-aviateur, rentré de captivité depuis quinze jours, m'a accompagnée, et malgré toutes nos recherches, nous n'avons rien trouvé. Nous avons fait tous les villages avoisinant Eton, Dommary, Baroncourt, Bouligny, Marnière, Piennes, où le 283ᵉ s'était battu. Il n'y a pas eu d'officiers enterrés sans nom, sauf un adjudant resté inconnu. Je n'ai pu aller à Eton, le village a été brûlé, le maire n'y est pas encore revenu, les tombes ne sont pas groupées.

Je ne vous ai pas oubliée, chère Madame, dans mes recherches, et en même temps que pour mon mari, j'ai recherché pour votre fils. A la Mourière, par Bouligny, le cimetière qui a été fait par les Allemands est bien entretenu. Dans un carré, des Français ont été inhumés, du 283ᵉ et du 20ᵉ d'Infanterie, j'ai relevé une inscription sur la croix que je vous transmets fidèlement.

Inscription sur la Croix :

Franz Offizier	Tombe du Lieutenant français
Louis... R. I. .... Jol	Louis... R. I. .... Jol
Gele 18-10-86	née, 18-10-86
Tarbes	Tarbes

Sans doute les Allemands n'ont pu relever le nom, puisqu'il y a des points de suspension. Je crois de mon devoir, Madame, de vous communiquer ce fait, qui se rapproche tant soit peu de votre nom. Restons courageuses, chère Madame, nous avons l'une et l'autre tant souffert pendant tout le temps de la guerre, pour arriver à un si triste résultat ! Croyez toujours à ma bien sincère sympathie.

H. Faye.

Hélas ! la date de naissance étant exacte il n'y avait aucun doute !

La famille entreprit le triste pèlerinage et se rendit au cimetière de Lamouriére où le S-Lieutenant Pujol reposait à côté de ses hommes. Sur cette tombe d'un officier français, les enfants du village mettaient des fleurs des champs ! Elle fut entretenue et confiée à une jeune fille de l'endroit jusqu'au moment où par ordre militaire tous les morts de la région furent transportés sans avertissement au cimetière français de Spincourt (Meuse).

C'est à cet endroit que la famille fut rechercher le héros qui repose aujourd'hui dans sa ville natale à Albi auprès des siens.

Etienne Pujol avait fait son service militaire à Tarbes dans un détachement du 18e d'Infanterie de Pau.

Le sous-lieutenant PUJOL Etienne, du 283e d'Infanterie, a été nommé, à titre posthume, Chevalier de la Légion d'honneur, avec la citation suivante :

« Officier très courageux, qui a fait vaillamment son
« devoir, dès les premiers combats de la compagnie.
« Est tombé mortellement frappé, le 24 Août 1914,
« devant Eton (Meuse).

« Croix de Guerre avec étoile d'argent. »

(Officiel du 18 Juillet 1920).

A un Ami

Saint-Gaudens, Mardi 11 août 1914

Mon bien cher ami,

Depuis mon passage à Toulouse, où, par un très grand hasard, j'ai vu Madame votre sœur, je n'ai pas trouvé quelques instants pour vous envoyer de mes nouvelles.

J'ai pris mon service il y a huit jours au 283e formé entièrement de réservistes et nous partons demain mercredi pour une destination inconnue probablement la Belgique; quoiqu'il en soit, nous nous attendons à prendre part à l'immense bataille qui décidera du sort de l'Europe et de la civilisation.

Des événements eux-mêmes, je ne vous dirai rien: vous savez combien j'étais persuadé de l'imminence de la guerre et pénétré de cette idée que toute l'organisation de la nation française, que toute la formation intellectuelle et morale devait être avant tout orientée en vue du formidable conflit. Les événements, malheureusement me donnent raison.

Mais nous nous en tirerons cette fois-ci : je crois fermement en la victoire. D'abord parce que l'enthousiasme et l'esprit des troupes de l'active est merveilleux, ensuite, mon cher ami, je considère comme un devoir de vous le dire une fois encore (et peut-être la dernière) parce que nous avons voté les

3 *ans* l'an dernier, ce qui a permis de barrer la frontière dès la première heure, parce que nous avons encore les Joffre, les Pau, les de Castelnau, parce que, enfin nous avons conservé les hommes et les idées que les radicaux socialistes et les socialistes avaient ces temps derniers si violemment combattus. Si la France sort victorieuse, souvenez-vous en, mon cher ami, c'est parce que le temps a fait défaut à cette majorité de la Chambre pour saccager la défense nationale.

Aujourd'hui, ces hommes se terrent : qu'ils soient absous si la France est sauvée : je n'ai pas l'intention de réveiller des querelles que l'heure présente a justement éteintes : mais moi qui mourrai demain peut-être pour mon pays, j'ai le droit de parler haut et de montrer du doigt l'abîme où nous avons manqué couler. Que la leçon serve à la France ! Voilà ce qu'on risque à laisser ainsi s'affaiblir chez un peuple le sentiment du devoir militaire et du devoir national !

Heureusement, je le répète, les vieux instincts de la race ont résisté aux sophismes : aujourd'hui la France retrouve intactes, jaillissant du plus profond d'elle-même, toutes les forces d'enthousiasme, tous les élans de sa foi en elle-même, et dans son destin.

Je marche avec un régiment de réserve composé de paysans de la montagne, braves gens, dévoués mais peu entraînés, déshabitués de la manœuvre et de l'obéissance, beaucoup mariés, ayant des enfants : bref on ne peut attendre d'eux l'élan de l'active. Voici encore une utopie de démolie : les milices et l'armée de réserve.

Pour moi, je marche à fonds : je ferai appel au cœur de mes hommes mais malheur à qui reculera !

Mon seul désir, celui qui maintenant hante mes nuits, c'est d'aller en Alsace, prendre dans mes mains un peu de cette terre française où dorment tant des nôtres, voir Strasbourg délivré, la joie, les larmes de nos frères enfin retrouvés, et quand mes yeux se seront remplis de cette vision splendide, alors, il me semble que je consentirai à les fermer pour toujours satisfait d'avoir vécu les plus belles heures peut-être de notre histoire.

Adieu, mon cher ami, au revoir j'espère; mais si je ne revenais pas, je vous adresse la même demande qu'à tous mes amis, qu'à tous les miens, gardez-moi un souvenir.

Veuillez, je vous prie, exprimer à Madame V. mes sentiments les meilleurs et les plus dévoués. Quant à vous, mon cher ami, croyez toujours à ma plus profonde, à ma plus sincère amitié.

ETIENNE

Jeudi matin, 10 heures

Mon cher ami, je vous avais écrit avant votre départ à Lespinassière et hier au soir, à Montauban, on m'a remis votre mot. J'ai bien regretté que nous ayions été si près de nous rencontrer : j'aurais été bien heureux de vous embrasser avant d'aller à la frontière... Nous allons à Troyes, je compte laisser cette carte à Vierzon. De Troyes, nous ignorons où on nous expédiera. Il parait qu'une grande bataille est engagée vers Thionville-Liège. Arriverons-nous à temps pour aider les camarades ?.... La confiance règne et nous avons bon espoir. Les populations nous saluent avec tout leur cœur : notre train a été magnifiquement fleuri par les jeunes filles de Saint-Gaudens.

Quelles heures tragiques et belles nous vivons !

Espérons que nous pourrons vous les raconter et fêter ensemble la victoire de l'Europe civilisée sur les Barbares.

Je vous embrasse avec toute mon amitié.

Etienne PUJOL

Le 25 Mars 1919

Je connaissais le sous-lieutenant Pujol, il ne commandait pas ma section, et cependant nous étions bons camarades, quoique je fusse seulement sergent.

. Il était sympathique, et tous les gradés l'avaient apprécié, ses hommes l'aimaient. Pendant les étapes que nous avons franchies, de Suippes à Eton, nous avons fait souvent route ensemble. Nous parlions de la durée de la guerre, de son issue; il était très confiant, et c'est plein de gaieté et d'entrain qu'il est allé au feu. La journée du 23 fut calme. Le 24, la fusillade commença de bonne heure; vers les 3 heures, je vis pour la dernière fois le lieutenant Pujol, entraînant bravement sa section à l'assaut; il marchait en avant. Je fus fait prisonnier.

SOUBADIE
sergent au 283ᵉ d'Infanterie

J'ai connu le sous-lieutenant Pujol, du 4 août 1914 au 24 du même mois, époque à laquelle je fus fait prisonnier. Il était aimé de ses soldats. Le sous-lieutenant Pujol est tombé en brave, victime innocente de la barbarie allemande; il laisse parmi les survivants qui l'ont connu un souvenir ineffaçable.

P. JUNCA.
Instituteur adjoint, sergent.

Article paru dans le " Journal du Tarn, " le 15 février 1919 :

On lira plus loin l'hommage émotionnant rendu par l'amitié à un de nos jeunes compatriotes, Etienne Pujol, fils de M. et Mme Pujol, née Pons, porté disparu depuis le premier mois de la guerre, et dont la famille a maintenant la certitude qu'il est tombé en héros.

Etienne Pujol avait poursuivi, à la Faculté de Droit de Toulouse, de fortes études juridiques, où sa science fut honorée à divers concours annuels. Après avoir été reçu docteur en droit, il avait été nommé attaché au ministère de la justice. Il aurait été un distingué magistrat, d'une science avertie et profonde.

La patrie lui a demandé le sacrifice de sa vie : il l'a accompli, à 28 ans, avec une abnégation sublime.

Parmi les héros de l'Albigeois, il en est un, resté dans l'obscurité depuis 1914, et dont on vient d'apprendre la mort tragique et glorieuse : le sous-lieutenant Etienne Pujol, du 283e d'infanterie.

Nous qui l'avons connu, nous savons avec quelle généreuse ardeur il partit pour la guerre, avec quel religieux attendrissement il désirait la reprise de l'Alsace-Lorraine, dont il espérait toucher et baiser la terre redevenue française; nous qui savions l'élévation de ses sentiments, sa haute conception du rôle de l'officier français et quelle brillante carrière il pouvait fournir, nous n'avons pas été surpris de son héroïsme, mais il est bon que la grande famille tarnaise le connaisse aussi et qu'il soit cité en exemple à nos jeunes générations.

Voici quelques lignes de la lettre écrite par un sergent d'Etienne Pujol :

« C'était le 24 août 1914, à Eton (Meuse). Nous avions battu en retraite, vu les forces supérieures de l'ennemi. Mais le lieutenant Pujol reçut l'ordre d'aller reprendre ses anciennes positions et de s'y maintenir, coûte que coûte. Nous partons donc reprendre les positions, sous un feu terrible d'artillerie. Les Allemands étaient à peine à 200 mètres de nous et arrivaient en masse et sans arrêt. Nous voyant presque faits prisonniers, le lieutenant nous dit de tirer jusqu'au moment où les ennemis arriveraient dans les tranchées et qu'alors il déchargerait son révolver en tirant dans le tas. Ça ne manqua pas. Il blessa un officier allemand qui tomba à peu près à quatre mètres de lui. Et cet officier qui l'avait vu tirer, exigea qu'il soit tué par un autre officier allemand *qui nous rassemblait pour nous faire prisonniers*. Cet officier tira sur lui deux coups de révolver en pleine poitrine et le lieutenant tomba en nous disant : « Adieu, mes enfants, je meurs en brave. »

Rien n'égale la sublime beauté de cette mort. Rien !

sinon l'iniquité de cet officier allemand faisant assassiner un ennemi désarmé.

Etienne Pujol avait tenu « coûte que coûte »; il pouvait se laisser prendre prisonnier, mais il a voulu aller « jusqu'au bout » de l'héroïsme et donner sa jeune vie en sacrifice à la France.

C'était vraiment un homme d'élite, dont la physionomie fine et intelligente nous apparaît dans une auréole. On peut dire de lui comme d'un autre mort récemment : « Il avait le cœur grand, l'esprit beau, l'âme belle. Et ce sont des sujets à toujours le pleurer ! » Le pleurer, oui ! mais non sans fierté et sans consolation ! Il ne voudrait pas nous voir sans énergie et sans courage, il veut qu'avec lui nous saluions la victoire dont il fut un des premiers artisans, il veut que notre pensée le retrouve dans la gloire avec tant d'autres beaux jeunes hommes tombés...

O morts de la guerre, nous vous saluons, nous vous admirons, nous vous aimons !

A. M...

Article paru dans le " Journal du Lot ", le 18 avril 1919 :

C'est la mort du sous-lieutenant Pujol, du 283e d'infanterie, Docteur en Droit, attaché au Ministère de la Justice, et dont le père fut Directeur des Postes à Cahors.

Nous sommes à Eton, (Meuse), le 24 août 1914
L'ennemi, avançant en forces supérieures, refoule le
régiment; la section de mon ancien élève reçoit l'ordre de reprendre, coûte que coûte, la position perdue.
Le jeune officier expose à ses hommes l'heure critique et le danger certain. Tant pis! en avant : « Vous
ferez feu jusqu'aux extrêmes limites, et moi, le dernier, je tirerai dans le tas. » La vague allemande ap-
proche et les enveloppe; c'en est fait; la petite troupe,
malgré son courage et sa ténacité, est prise. Fidèle à
la parole donnée, le sous-lieutenant Pujol décharge
son révolver « dans le tas » et blesse, à bout portant,
un officier allemand, qui lui fait face. Au moment
où notre troupe de vaillants était rassemblée pour
être emmenée prisonnière, l'Allemand blessé prononce
ces paroles : Cet officier a voulu tuer un officier allemand, il sera tué par un officier. Et l'ordre est aus-
sitôt donné. Croisant les bras et regardant, lui, sans
défense, son assassin, notre compatriote s'écrie en
saluant ses compagnons d'armes : « Mes amis, je
meurs en brave et pour la France. » Froidement,
l'officier boche décharge son révolver sur son adver-
saire, qui tombe foudroyé. Voilà le récit brutal de
cet ignoble assassinat. Mais, moi qui ai connu Pujol
plusieurs années au lycée de Cahors, son professeur,

je me représente tous les détails de ce drame en deux actes.

Enthousiaste, fougueux, brillant, dès les bancs du lycée, Pujol aimait à rassembler ses camarades, à leur faire des conférences, leur exposant déjà ses idées générales sur l'économie politique.

A la Faculté, il s'était acquis une certaine renommée par son éloquence tribunitienne. Or, je le vois montrant à ses poilus l'ennemi avançant en masses profondes, d'un geste auquel on ne résiste pas, les entraînant à la mort glorieuse. Et il part, en tête, avec une dernière pensée pour les siens, mais le mépris du danger dans les yeux.

Puis, le voilà condamné à mort! Oh! comme il est là devant moi, dominant son ennemi de son dédain et auréolé déjà de la majesté radieuse du martyr. Je meurs en brave! ce cri a dû jaillir de son cœur, éclatant de patriotisme et de rage impuissante! Quel tableau, digne d'un artiste, et dépeindre l'émotion de ses camarades, entourés de baïonnettes, incapables de défendre ou de venger ce héros ? Il y a des morts qu'on ne pleure pas, disait dernièrement le Président de la République! et il avait raison. Les larmes les amoindriraient, les diminueraient, les humilieraient. Qu'on en parle pour les glorifier. Si j'avais eu la grande douleur, et le plus grand honneur encore d'avoir mon fils immolé ainsi pour la France, je voudrais souvent me le représenter à ses derniers moments. Dans un accès de mysticisme patriotique, fermant les yeux au monde extérieur, je le verrais se dresser devant moi, sublime, beau comme un Dieu, le regard transfiguré, spiritualisé déjà dans tout son être, effleurer le sol indigne de le porter, le front nimbé de gloire, le sourire aux lèvres, et il me semble que j'en entendrais s'échapper ses dernières paroles : je meurs en brave pour la France.

Vive le sous-lieutenant Pujol !

Ant Chéry.

P. S. Depuis le 24 août 1914, la famille ignorait si et quand son fils avait disparu. Dernièrement, seulement, on a su par des prisonniers, les détails de cette mort glorieuse.

ÉTIENNE PUJOL

Avocat

Attaché au Ministère de la Justice

Il sera doux à ceux qui le connurent de voir surgir une fois encore cette jeune et souriante figure.

Il fut, lui aussi, de cette génération prédestinée à l'immense holocauste, et généreusement il fit le sacrifice de sa vie pour sauver la France à l'heure du danger.

Etienne Pujol fit ses études au Lycée d'Albi, de Cahors et de Pau. Il poursuivit ses études de Droit, à la Faculté de Toulouse, où il eut de brillants succès : Médaille d'or, Prix de Thèse 1911, Médaille d'argent, Stage des Avocats 1910-1911.

Très apprécié de ses maîtres et de tous les étudiants, sa disparition a causé, à Toulouse, les plus grands regrets.

Il fut digne de ses maîtres et de ses nombreux amis. Il sut inspirer l'affection et l'amour que Dieu accorde aux hommes supérieurs et aux âmes d'élite.

Le destin a voulu que ce beau jet soit brisé à l'âge de 28 ans ! Il a donné sa vie pour la France, pour la justice et pour le droit.

SOUVENIRS

Toulouse, le 10 février 1919

.... Pauvre cher Etienne ! Il est tombé à l'heure du plus haut épanouissement de sa belle intelligence, dans toute la force de sa jeunesse, frappé impitoyablement, avec tant d'autres camarades qui donnaient aussi les plus brillantes promesses.

Prions pour lui, mais je suis persuadé qu'il nous défendrait de pleurer sur son sort. Son cœur vibrant de générosité et d'enthousiasme, avait eu d'après ce qui m'a été dit, le pressentiment du sacrifice auquel il avait consenti dès la première heure. Il nous charmait jadis par sa conversation si attrayante, si spirituelle, nuancée parfois d'une fine ironie, qui l'eut fait prendre pour un dilettante, successivement amoureux de toutes les idées, et voltigeant de l'une à l'autre, comme un papillon séduisant cherche son butin partout où il y a de la beauté. Ceux qui le connaissaient savaient que sous ce dilettantisme apparent, derrière cette fine ironie athénienne, se cachait une âme tourmentée par les problèmes de la vie, angoissée de justice sociale, et vibrante d'idéal ! Il le prouva maintes fois publiquement dans ces réunions d'étudiants, où il prenait la parole avec le plus grand bonheur d'expression, la plus délicieuse spontanéité ; il le prouva en écrivant un petit essai sur « l'Abus du Droit » où il a si bien décrit et justifié les tendances de la jurisprudence moderne de poursuivre sous toutes ses formes le pharisaïsme juridique, cherchant à punir les mobiles inavouables ou méchants que les hommes dissimulent sous le manteau de la loi, n'en observant la lettre, que pour mieux en tuer l'esprit.

Enfin, il nous laisse une excellente thèse que l'on cite et que l'on lit ; son intelligence continue d'habiter avec nous, d'autant plus belle et rayonnante qu'elle s'est trouvée en lui unie à un cœur héroïque.

L. RIGAUD.

Chargé de cours à la Faculté de Droit de Toulouse

Étienne Pujol a obtenu à la Faculté de Droit de Toulouse la médaille d'or (prix de thèse)

Son article sur l'Abus du Droit a paru sur la Revue *Les idées libres*, (Première année, numéro 7).

Etienne Pujol appartenait à cette jeunesse intellectuelle qui a compris que la noblesse de l'esprit oblige comme toutes les autres et a fait si magnifiquement son devoir ! Pour moi qui ai connu et apprécié cette âme d'élite dans les années décisives de l'adolescence, je sais ce que perdent en lui son pays, sa famille et ses amis. Tous ceux qui l'ont vu à l'œuvre l'ont estimé, tous ceux qui l'ont connu l'ont aimé.

J'avais pour Etienne Pujol, au temps où il était mon élève, la plus affectueuse estime. Deux années de relations suivies, à Toulouse, avaient encore accru mon amitié pour lui, il n'avait jamais cessé de me tenir au courant de ses travaux, de ses succès. La distinction de son esprit, son savoir solide et la noblesse de son caractère lui assuraient le plus bel avenir. Très affligé de la brutale interruption d'une destinée qui devait être si brillante et gardant pieusement son souvenir, je m'associe étroitement à ceux qui le pleurent. Il était trop haut d'esprit et de cœur pour ne pas remplir son devoir jusqu'au suprême sacrifice.

J'étais sûr qu'Etienne Pujol se serait conduit comme un héros. La barbarie de l'ennemi a fait de lui un martyr. Sa mémoire m'est encore plus chère, et cette fin tragique, mais glorieuse, me remplit à la fois de douleur et de fierté.

A. SANTIAGGI
Ancien professeur de rhétorique du Lycée de Cahors

Maurice HAURIOU
Doyen de la Faculté de Droit de Toulouse :

Avec ses condoléances au sujet de la mort de leur fils, qu'il savait hélas ! depuis longtemps disparu. La grande famille perd en lui un de ses plus brillants élèves, elle envoie à la famille encore plus éprouvée, son souvenir ému et l'assurance de sa profonde sympathie.

A. MERIGNAC
Professeur de Droit International à l'Université :

Adresse à la famille si éprouvée ses condoléances les plus sympathiques.

Achille MESTRE
Professeur à la Faculté de Droit :

Avec ses plus vives condoléances et ses regrets.

Madame,

J'ai été bien attristée en recevant votre lettre de faire-part. Votre fils était l'étudiant préféré de mon mari. Ils causaient longuement ensemble comme deux amis. Et le destin a réuni dans l'au-de-là ces grandes et belles âmes en si peu de temps, et par des voies si imprévues ! Ma pensée va près de vous et je vous adresse mes bien vives condoléances.

Mme E... Vve de M. EBREN
Professeur de Droit

Madame,

C'est avec une douloureuse émotion que j'ai appris la triste nouvelle que nous redoutions tant ! Je regrette sincèrement ce cher ami et camarade d'étude que j'avais si bien apprécié ! Nous prenons, Madame, ma mère et moi, une grande part à votre deuil et nous vous prions d'être auprès de la sœur d'Etienne, et votre famille, l'interprète de notre profonde sympathie.

L. RIGAUD.
Chargé de cours à la Faculté de Droit.

Marcel BRUNSCHVIC
Professeur de seconde au Lycée Lakanal :

Profondément attristé d'apprendre la mort glorieuse, mais prématurée de son ancien élève dont il avait gardé le souvenir durable et dont il attendait une brillante carrière, prie la famille de vouloir bien agréer l'expression de toute sa sympathie.

Je garderai toujours le souvenir de cet enfant que j'avais vu naître et grandir, dont les qualités intellectuelles égalaient la valeur morale. Il emporte nos regrets et nous prenons une large part à la douleur de toute sa famille.

J. P...
Professeur d'histoire.

C. SERRUS
Professeur agrégé de philosophie.

Regrette vivement d'avoir connu trop tard les détails de la mort héroïque de son grand ami et de n'avoir pu ainsi le proposer à l'admiration de ses élèves.

A. CHERY
Professeur de langues vivantes, au Lycée de Cahors,
Chevalier de la Légion d'honneur :

A appris avec tristesse la disparition de ce brillant enfant. Mort glorieuse aux pesants lauriers. Hélas ! le vieux maître, parti volontaire à 56 ans, revenu à 60, a vu mourir d'anciens élèves et en a aidé à faire le dernier pas pendant la terrible guerre ! Les meilleurs ont été fauchés ! Pujol, Muxart, Durranc, Chaignes, Mignot et tant d'autres !

Sincères condoléances aux parents si éprouvés.

Edouard Denis
Proviseur au Lycée de Pau

Estime que les parents comme les anciens maîtres du sous-lieutenant Pujol peuvent être fiers d'avoir fourni un tel héros ! Il s'incline devant sa glorieuse mémoire. Etienne Pujol honorera le livre d'or du Lycée de Pau.

Ajaccio, 4 juillet 1919.

Etienne Pujol a laissé au Lycée de Cahors d'excellents souvenirs, tous ceux qui l'ont connu de près l'ont aimé. Ce que M. Chéry a écrit dans *le Journal du Lot*, avec une admiration émue, de son élève et sur le héros, tous ses anciens maîtres pourraient le contresigner.

J'adresse à la famille si éprouvée l'expression de ma respectueuse sympathie en leur assurant que leur deuil est aussi le mien.

A. Santiaggi
Ancien professeur de rhétorique

Saint-Palais, 23 2 1919.

Madame,

J'étais l'un des bons amis de votre cher fils, et, à plusieurs reprises, connaissant sa disparition, j'ai essayé de savoir ce qu'il était devenu.

Je vois par votre lettre de faire-part que tout es

poir de le revoir doit être perdu. Combien j'en suis affligé et combien je partage votre douleur.

L'intelligence si vive, le savoir étendu d'Etienne Pujol me frappaient d'étonnement et j'entrevoyais pour lui l'avenir le plus brillant. Je l'avais connu comme étudiant à Toulouse, et l'avais revu à Paris. A toutes ses qualités brillantes de magistrat se joignaient celles du cœur le plus tendre.

Je m'incline respectueusement devant la douleur de sa famille en lui donnant l'assurance de mes regrets.

A. D...

Juge d'Instruction.

ASSOCIATION AMICALE DE LA MAGISTRATURE

Nous avons appris avec beaucoup de peine la mort de notre regretté collègue Etienne Pujol. Permettez-nous de vous dire combien les membres de notre comité prennent part à la douleur de la famille éprouvée. Nous ferons paraître, dans notre prochain *Bulletin*, un article nécrologique faisant connaître ce décès.

La mort glorieuse d'Etienne Pujol honore la magistrature française, son nom sera inscrit au rang des magistrats morts pour la France.

Tours, 24 Mars 1919.

Madame,

Je reçois avec une grande douleur le triste billet qui m'apprend, ou plutôt hélas ! me confirme la mort au champ d'honneur de mon cher ami Etienne.

Vous savez, Madame, quels liens d'amitié nous unissaient, et toute l'affectueuse admiration que j'avais pour ses qualités de cœur et sa brillante intelligence, si pleine de promesses.

Je lui garde un souvenir infiniment ému. La guerre a fauché les meilleurs, et, parmi tous mes amis, celui dont j'étais le plus fier : Pujol.

Son souvenir vivra toujours en moi et je compatis, chère Madame, à votre atroce douleur.

G. C...

Substitut, Chevalier de la Légion d'honneur.

Saint-Gaudens, 2 janvier 1919.

Chère Madame,

Ai-je besoin de vous dire combien nous partageons votre douleur. Ce qui m'a paru le plus atroce pour vous, pendant la longue guerre, c'est de ne savoir rien de sûr et de se demander s'il valait mieux désespérer ou espérer contre toute espérance. Nous avons reçu la photographie d Etienne. Rien ne pouvait m'être plus précieux, d'autant que cette image est d'une vérité frappante, il est tout entier avec son expression d'intelligence vive, sa volonté ferme et réfléchie. Je vous garde une infinie gratitude de ne pas avoir oublié mon désir. Qu'il me soit permis, au début de cette année, devant le bonheur impossible, de vous souhaiter la santé qui donne la fermeté d'âme et la résignation.

J. P...
Professeur.

Lavaur, 4 Février 1919.

La cruelle vérité vous est officiellement signifiée' il faut dire adieu à cet enfant bien-aimé qui vous est ravi au moment où l'avenir le plus brillant s'ouvrait pour lui, où allaient être cueillis les fruits de cet opiniâtre labeur, mis au service de supérieures qualités d'esprit. Si les consolations sont vaines, sachez tout au moins, chère Madame, que nous avions su apprécier ce brave Etienne. J'étais fier de mon meilleur ami, nous le pleurons avec vous.'

Docteur H. A...

Toulouse, 6 février 1915.

Chère Madame,

Je reçois avec une profonde tristesse votre lettre de faire-part. Je voulais espérer contre l'impossible le retour d'Etienne. Je tiens à vous dire avec quelle sympathie je m'unis à votre peine. Je sais mieux que personne ce que vous avez perdu dans mon ami d'enfance, la belle intelligence, le cœur excellent de celui que nous pleurons. Votre fierté sera, si c'est possible, un adoucissement à votre douleur. Il a donné la preuve de son grand cœur en donnant généreusement sa vie pour la Patrie. Je vous adresse, chère Madame, l'expression émue de mes condoléances en vous priant de les transmettre aussi à Mademoiselle Pujol et à votre famille.

J. P...
Avocat.

Carcassonne, 10 février 1919.

Maintenant que le sacrifice est consommé, puis-je vous dire qu'il était inévitable ? Me rappelant les vacances de 1911, sur lesquelles pesaient déjà de si lourdes menaces de guerre, les longues conversations échangées alors avec votre cher Etienne, l'ardeur joyeuse avec laquelle il accueillait ses devoirs militaires d'officier de réserve, je ne pus me défendre de penser que le destin de votre fils était tel qu'il a été ! Si la guerre éclatait un jour, il eût fallu un miracle pour qu'il ne fût pas immolé pour le salut de son pays. Nous déplorons la perte de ce charmant jeune homme, dont il me serait impossible de perdre le souvenir.

Nous vous exprimons, chère Madame, notre bien vive sympathie.

N. G...
Inspecteur du Crédit Foncier.

Paris, 17 février.

Madame,

Je viens d'apprendre par mes amis, que vous avez eu la douloureuse confirmation de la mort de votre fils.

J'avais pour lui, malgré la différence d'âge qui nous séparait, la plus vive amitié. Comment, d'ailleurs, aurait-on pu approcher, sans l'aimer, ce jeune homme qui avait, à un si haut degré, toutes les qualités du cœur et de l'intelligence.

Je comprends, Madame, toute l'étendue et la profondeur de votre peine. Elle est accrue par les circonstances barbares de sa mort. Je vous demande de vouloir bien me permettre de la partager et de croire à ma très respectueuse et très profonde sympathie.

M. F...
Avocat, ancien député.

Saïgon, 27 mars 1919.

Madame,

J'apprends par faire-part la nouvelle de la mort de mon cher ami Etienne Pujol, que je savais porté disparu ! Mais j'espérais qu'il aurait été de ceux qui nous reviendraient d'Allemagne. Je veux vous dire toute la peine que j'éprouve en apprenant la triste certitude de la perte de mon ami. J'avais connu Etienne, à Toulouse, d'abord ; à Paris, nous avions des relations empreintes d'une affectueuse cordialité. Parmi mes amis c'était le plus sérieux, et un de ceux ayant le plus de valeur. Je vous exprime, Madame, mes condoléances les plus attristées.

P. F...
Avocat Conseil.

Pau, le 9 Février 1919,

Madame,

J'aurais bien voulu pouvoir parler avec vous de notre Etienne, j'ose dire notre Etienne, vous dire tous mes regrets, toute l'admiration que j'avais pour lui, dans une de ces conversations où l'absent semble être là et nous écouter. Je pars demain rejoindre mon dépôt jusqu'à la démobilisation.

Laissez-moi vous dire tout au moins combien je partage votre fierté de sa belle mort. Au récit que m'en a fait Potamion, j'ai frémi et j'ai vu très nettement sa fin tragique.

Puisque sa destinée était de mourir pour son pays, soyons heureux et fiers, qu'il ait marqué jusqu'au bout son grand amour pour la France. Il était du petit nombre des clairvoyants qui avaient pressenti le danger, et depuis longtemps avant la guerre, nous l'entendions et nous le lisions, plein de respect, d'amour et de confiance pour notre armée, celle qu'il pressentait devoir nous sauver bientôt. Quelle n'eût pas été sa joie de voir la brillante carrière de nos armées ! Dieu certainement aura voulu qu'il voie 1918 et que son âme soit parmi celles qui nous ont si bien soutenus. Les consolations sont vaines, je le sais, chère Madame, pour une mère qui pleure son fils. Je veux simplement vous dire que peu d'hommes auront laissé au cœur de leurs amis un si vif sentiment de regret, que la flamme si pure qui l'animait vivra en moi, et que toujours je l'entretiendrai.

Veuillez agréer, Madame, pour vous, Mlle Pujol et votre famille, l'expression de mes sentiments attristés.

P. P...

Docteur en Droit, Chevalier de la Légion d'honneur.

Le sergent Potamion, du 283ᵉ, de retour d'Allemagne, donna à Pau les premiers détails de la mort de son lieutenant.

Paris, 1er mars 1919.

Chère Madame,

Je n'ai pas su rédiger une lettre de condoléances. Les longues années d'inquiétude vous avaient-elles préparée à la cruelle vérité ? Après tant d'alarmes, votre deuil ne fait que commencer. Votre sort, chère Madame, a affligé bien sincèrement les amis de celui dont ils connaissaient l'immense tendresse pour sa mère et pour sa sœur.

M. V... et M. R... sont revenus un soir dans mon appartement réouvert depuis peu et nous avons parlé d'Étienne dans le salon où il venait s'asseoir bien souvent. Nous avons eu quelque fierté à raconter aux étrangers comment notre ami s'était offert au seuil de cette guerre. Mais nos regrets sont grands ! Notre petit cénacle n'est qu'un pâle reflet de la réunion savante que nous formions avant la guerre. Il nous manque la vivacité, l'esprit critique, la riche culture de notre plus jeune ami. J'étais son contradicteur habituel et c'est à moi qu'il manque le plus. Dès mon retour dans cette maison, les souvenirs ont afflué et je me suis trouvé désemparé plus qu'à aucune période des cinq années qui viennent de s'écouler. La perte de mon ami m'a été encore plus sensible après avoir passé quelques jours chez moi. La meilleure façon de me tourner vers lui, de rappeler son âme, n'est-ce pas de causer avec sa mère ?

Que cette lettre vous trouve moins endolorie, chère Madame, et toujours courageuse. Croyez toujours à mon respectueux dévouement.

Docteur L...

Paris, 1er Mars 1919.

Madame,

Une sincère et douce amitié me liait à Etienne Pujol ; tout de suite la sympathie était née entre nous. Nos entretiens étaient fréquents. Que d'intéressants sujets philosophiques et littéraires nous avons discutés ensemble. L'intelligence, le savoir et la pénétration d'esprit de mon ami animaient toujours nos entretiens. Aussi ai-je douloureusement ressenti la disparition de votre fils. J'ai compati à vos cruelles angoisses et j'ai fait opérer des recherches, au Ministère de la guerre, qui devaient rester sans résultat, hélas ! Nous savons maintenant qu'il ne reviendra pas parmi nous, mais il restera toujours vivant dans le souvenir des siens et de ceux qui, comme moi, ont su l'apprécier et l'aimer.

Veuillez agréer, Madame, l'hommage de ma sympathie la plus respectueuse.

O. G...
Docteur en Droit.

Paris, le 10 mars 1919

Chère Mademoiselle,

J'ai gardé le silence d'un homme qui ne trouve point de mots pour dire sa peine. Pardonnez-moi ce silence que j'ai essayé dix fois de rompre, sans pouvoir maîtriser mon émotion.

Je n'attendais plus maintenant l'heureuse surprise d'un retour tant désiré, chaque jour appelé. Mais si j'avais perdu toute espérance, je n'aurais pas cru le malheur si épouvantable. Etienne lâchement frappé, alors qu'il venait avec tant de courage d'accomplir son rôle de chef, toute trace de lui effacée ou presque, jusqu'à la croix de sa tombe. La plus haute vaillance succombant à la plus basse des lâchetés. La douleur que vous éprouvez, père, mère, sœur et parents, nous qui l'aimions aussi de l'amitié la plus fidèle, ma femme et moi, nous la partageons, autant qu'une amitié cruellement blessée peut être comparée à celle d'une famille aussi terriblement éprouvée que la vôtre. Laissez-moi, chère Mademoiselle, associer notre grande tristesse à votre deuil, vous dire avec quelle piété nous espérons pouvoir un jour apporter à la tombe de notre ami, le suprême témoignage d'une affection qui le suit au-delà de la terre, et vous prier de vouloir bien agréer, pour Madame votre mère, pour vous et tous les vôtres, la respectueuse expression de notre vive et profonde sympathie.

G. V...

Paris, 15 mars 1919.

Madame,

Je reçois à l'instant les deux journaux, où est relatée la mort héroïque d'Etienne. Je suis très ému.. et consolé. Madame, encore une fois, quelle belle mort, et puisque nous devons tous mourir, pourquoi ne pas aimer la sienne, et penser qu'il ne pouvait pas mieux mourir ! Je garderai ces deux n^{os} de journal. Quelquefois, pieusement je les ouvrirai et lirai comme une prière le récit de la mort de mon ami, votre fils. Que cette fin héroïque soit pour vous une consolation. C'est parce que nous, combattants, nous pouvions avoir une mort aussi belle que nous l'acceptions.

Je comprends, Madame, votre grande douleur; malgré vos prévisions, une mère doit toujours espérer pour son fils. Il est mort, mort en héros ! Ça ne doit pas nous étonner, m'écrit notre ami Planté. Non, ça ne nous étonne pas et nous avions tout prévu à son départ pour la guerre, son héroïsme et aussi un peu sa mort. Son tempérament ardent, son amour du sacrifice ne lui laissait aucune illusion, à lui pas plus qu'à nous. Il savait bien qu'il ne reviendrait pas et il l'avait dit. Oh ! non pas avec résignation avec orgueil. Dans nos cœurs, Madame, nous lui avons élevé un monument. Nous pouvons lui donner tout l'amour, toute la beauté qu'a mérité l'héroïsme et les qualités intellectuelles et morales de votre fils.

Veuillez agréer, Madame, mes affectueuses consolations et l'assurance d'un souvenir qui ne sépare pas la mère et la sœur, du fils héroïque.

J. R...
Docteur en Droit.

Extrait du discours prononcé au mariage de Mademoiselle Marie-Louise PUJOL, avec Monsieur le Docteur Henri MARCOU, décoré de la Croix de guerre, en l'église Saint-Salvy d'Albi, le 26 août 1920 :

CHER DOCTEUR

« ... Je n'aurais garde d'oublier en terminant, de vous rappeler que pour vous, dans la famille, si glorieusement éprouvée où vous allez entrer, le devoir sera double. Et cela n'est pas fait pour vous faire reculer. Vous y tiendrez la place, aux yeux de tous, du grand mort qu'on y pleure encore, du fils, du frère bien-aimé que la guerre a pris, de cet Etienne Pujol, si fier, si délicat, si brillant, si bon et dont le deuil qu'on n'a pu prendre qu'après les quatre ans d'angoisses de sa disparition, n'en pèse que plus lourdement sur tous les cœurs. Docteur en Droit, brillant lauréat de l'Université, aspirant à l'Agrégation, attaché au Ministère de la Justice, quel avenir ne promettait-il pas ? Vous connaissez sa tragique histoire. Le sous-lieutenant Pujol fut de ceux qui devant Eton à la première rencontre de la vague allemande d'invasion, le 24 août 1914, reçut l'ordre de se faire tuer sur place plutôt que de reculer. Il ne recula pas ! Après une résistance héroïque, débordé par les lignes ennemies, enveloppé de toute part avec sa section, la mort vint le frapper brutalement dans l'accomplissement de son devoir de chef.

« Vous recueillerez, un jour, mon cher ami, sa Croix de guerre, sa Croix de la Légion d'honneur. Vous hériterez, avec votre jeune femme, de sa gloire, de son souvenir, de son exemple.

« Remplacez-le. Assumez cette double tâche, de perpétuer à la fois l'honneur de son nom et celui du votre. Vous y serez aidé par celle qui l'a tant aimé, qui va s'appuyer tout à l'heure sur votre bras et qui désormais apaisée et confiante attend tout de vous. »

Chanoine BIROT, Archiprêtre d'Albi,
Chevalier de la Légion d'honneur.
Croix de Guerre.

Disparu ce regard, anéanti ce charme
D'écouter votre voix dont le timbre prenant
En vos yeux recueillis savait mettre des larmes
Et de votre émotion nous laissait tous vibrants.

A l'heure où tous les fils de la France envahie
Se sont dressés pour la défendre offrant leurs corps,
Vous avez, plein d'ardeur, ajouté votre vie
A la grande moisson de la mort.

Vous dire adieu Etienne ! Non c'est trop de souffrance
De croire qu'à jamais votre être de beauté,
Epris d'art, de grandeur morale, de vaillance,
Disparait pour l'éternité.

Non ! je n'accepte pas cette horrible pensée,
Dieu qui vous fit trop beau, vous a repris un soir
Mais votre âme toujours vit près de nous lassée
Nous vous retrouverons... Je vous dis : Au revoir !

ALBI. — Imprimerie-Reliure des Orphelins-Apprentis